Dr K M A Ahamed Zubair

Exemplares do Estado indiano de Tamil Nadu

Dr K M A Ahamed Zubair

Exemplares do Estado indiano de Tamil Nadu

Visão e missão de Takya Saheb de Kilakkarai e Takya Saheb de Kayalpattanam

ScienciaScripts

Imprint

Any brand names and product names mentioned in this book are subject to trademark, brand or patent protection and are trademarks or registered trademarks of their respective holders. The use of brand names, product names, common names, trade names, product descriptions etc. even without a particular marking in this work is in no way to be construed to mean that such names may be regarded as unrestricted in respect of trademark and brand protection legislation and could thus be used by anyone.

Cover image: www.ingimage.com

This book is a translation from the original published under ISBN 978-620-7-47844-6.

Publisher:
Sciencia Scripts
is a trademark of
Dodo Books Indian Ocean Ltd. and OmniScriptum S.R.L publishing group

120 High Road, East Finchley, London, N2 9ED, United Kingdom
Str. Armeneasca 28/1, office 1, Chisinau MD-2012, Republic of Moldova, Europe
Printed at: see last page
ISBN: 978-620-7-71391-2

Copyright © Dr K M A Ahamed Zubair
Copyright © 2024 Dodo Books Indian Ocean Ltd. and OmniScriptum S.R.L publishing group

Exemplares do Estado indiano de Tamil Nadu

Visão e missão de Takya Saheb de Kilakkarai e Takya Saheb de Kayalpattanam

Dr. K.M.A.Ahamed Zubair

Professor associado de árabe, The New College,
Chennai 600 014, Índia

اللغة العربية تحمل كلمة الله، وروح محمد ﷺ، وسر الإسلام،

Esta obra foi dedicada aos missionários islâmicos indianos
(1500-1800)

Prefácio

O Xeique Abdul Qadir, conhecido como Takya Saheb, era oriundo de Kilakkarai (1192-1267)

Nos anais da erudição islâmica no Sul da Índia, a figura luminosa de Takya Saheb Abdul Qadir brilha intensamente. As suas profundas contribuições para a teologia, o misticismo e a literatura deixaram uma marca indelével na paisagem espiritual da região. Através de uma investigação meticulosa e da reverência pelo seu legado, esta obra procura iluminar a vida, os ensinamentos e a influência duradoura de Takya Saheb, bem como os contributos notáveis dos seus estimados discípulos.

O Xeique Abdul Qadir, conhecido como Takya Saheb, era oriundo de Kayalpatnam (1191-1272 A.H)

Nos anais da erudição islâmica e do património cultural, a vida e as contribuições de Takya Saheb Abdul Qadir Takya Saheb ressoam profundamente. Os seus ensinamentos, esforços literários e orientação espiritual deixaram uma marca indelével em gerações de estudiosos e devotos. Através da sua poesia, orações e actividades académicas, Takya Saheb enriqueceu a paisagem intelectual e espiritual do seu tempo, deixando um legado que continua a inspirar os que procuram o conhecimento e a verdade.

Dr. K M A Ahamed Zubair

Conteúdo

O Xeique Abdul Qadir, conhecido como Takya Saheb, era oriundo de Kilakkarai (1192-1267 A.H)

Introdução:

Takya Saheb Abdul Qadir é uma figura imponente na história dos estudos islâmicos no Sul da Índia. Nascido num ambiente de devoção e aprendizagem, o seu percurso desenrolou-se no contexto de uma vibrante tradição intelectual e espiritual. Desde as suas origens humildes até ao estabelecimento do Takya (reclusão) e ao seu papel como professor e guia espiritual venerado, a vida de Takya Saheb exemplificou um empenhamento inabalável na fé, nos estudos e no serviço.

Ao longo da sua ilustre carreira, Takya Saheb dedicou-se à busca do conhecimento, particularmente na exegese do Alcorão, no estudo das tradições e na elucidação da jurisprudência islâmica. Os seus ensinamentos tiveram uma profunda ressonância junto dos seus alunos, inspirando-os a imitar as suas virtudes e a divulgar os seus ensinamentos por toda a parte.

Esta narrativa também lança luz sobre o impacto transformador dos ensinamentos de Takya Saheb nos seus discípulos, incluindo figuras notáveis como Mastan Saheb e Shaikh Abdul Qadir Pulavar Nayagam. Os seus contributos literários, impregnados de misticismo e de ideias teológicas, testemunham o legado duradouro do seu estimado mentor.

O Xeique Abdul Qadir, conhecido como Takya Saheb, era oriundo de Kilakkarai (1192-1267)

Houve dois indivíduos com o mesmo nome, nascidos em Kayalpatnam, que ganharam fama como poetas, teólogos e místicos estimados. Um deles (1191-1272) permaneceu em Kayalpatnam e manteve uma profunda ligação com a Takya (reclusão) fundada pelo seu pai, Shaikh Omer (1162-1216). Faleceu e foi sepultado na Takya do seu pai. O outro (1192-1267) emigrou para Kilakkarai, onde dedicou a sua vida a ensinar e a orientar os seus alunos e devotos. Criou também um Takya para orações, recitações e meditação. Deu o seu último suspiro em Kilakkarai e foi sepultado na Takya que fundou. Consequentemente, ambos são venerados como Takya Saheb, um título tradicional que perdura na família de Syed Muhammed, Mapillay Allm (1232-1316), genro de Takya Saheb de Kilakkarai. O Takya Saheb de Kilakkarai provinha de uma família de renome profundamente envolvida na memorização do Alcorão e no estudo da teologia e do misticismo islâmicos. Era descendente de Muhammad Nalna, filho de Kannapillay Mahmood Nalna, neto de Sulaiman Labbal, bisneto de Abdul Qadir Naina e tetraneto de Thettalar Makhdoom Nalna (no contexto local, "thettalar" designava alguém que acumulava uma riqueza significativa de forma independente).

Ele próprio referiu a sua ascendência nos versículos seguintes:

Se procuras os nomes dos meus antepassados, fica a saber:

O nome do meu avô paterno era conhecido como o do Profeta.

Conheço sete gerações da linhagem do meu pai.

Mahmood Naina, o meu bisavô paterno,

deu o seu nome ao seu filho Mahmood Naina,

e o seu avô Mahmood Naina deu o nome do pai ao seu filho,

Assim, o antepassado do meu pai também se chamava Mahmood Naina.

Por isso, fiquem a conhecer o meu antepassado Abu Makhdoom Naina, que pertence à linhagem hachemita.

Ahmed Naina é o nome do avô do meu pai,

O nome do seu pai era Abdul Qadir, o pai do meu avô paterno,

Os nomes dos meus antepassados já foram mencionados,

A sua fragrância emana bênçãos e saudações,

O Profeta surgiu acima de todos os profetas em estatura,

A sua luz brilhava antes da criação de Adão.

Memorizou o Alcorão e estudou árabe com o seu tio materno, Shaikh Abdul Qadir Takya Labbai Alim Saheb (falecido em 1240 A.H.), filho do nosso estimado Shaikh Abdul Qadir Labbal Alim Saheb.

Mudou-se para Kilakkarai e casou com Syed Mohammad Nachiyar (princesa), também conhecida por Somu Nachiyar, filha de Sarah Umma e Abu Bakr Ama, genro cego e filha do Xeique Abdul Qadr, Marikkar, conhecido como Avvakar Marikkar (1142-1227), um filantropo e homem de negócios da sua época. Durante algum tempo, foi assistente de direção na empresa criada por Habeeb Muhammad (1188-1228), conhecido como Habeeb Arasar, filho de Muhammad Ismail Marikkar, que casou com Mohammed Ibrahim Umma, a outra filha de Avvakar Marikkar. O próprio Avvakar era um filantropo notável que construiu a mesquita de Pudupalli em Kayalpatnam e outra em Kilakkarai. Desenvolveu actividades comerciais no Sul da Índia, no Ceilão e na Malásia. O seu neto, Habeeb Arasar, expandiu amplamente o comércio de pérolas na Índia, no Ceilão e no Extremo Oriente, possuindo numerosos navios para transporte de mercadorias e passageiros para a Birmânia, Singapura, Malásia e o arquipélago indiano. O seu comércio ultramarino ultrapassou mesmo a concorrência holandesa e inglesa. Construiu vários Muttu Chawdies (casas de repouso de pérolas) para comerciantes de pérolas em Madurai, Karaikudi, Rameswaram, Trivandrum, na Índia, e em Dilli, na ilha de Timor, nas Índias Orientais. Também construiu mesquitas como a Odaikkari Palli em Kilakkarai e a Mesquita Choliva em Calcutá, ainda geridas pelos seus descendentes. Apoiou teólogos e académicos, promovendo os estudos árabes através do árabe e do tâmil.

Possuía um navio chamado "Mohideen Bux", que naufragou no mar. Há alguns anos, foi descoberto na costa australiana um sino de latão com a inscrição do mesmo nome em Tamil, o que atesta a extensão das suas aventuras marítimas até às costas da Austrália.

Takya Saheb Abdul Qadir era, antes de mais, um académico profundamente empenhado na leitura, na escrita e no ensino. Embora não fosse bem sucedido como homem de negócios, abandonou a sua profissão e mudou-se para Kilakkarai. Aí, dedicou-se a educar e a orientar estudantes e devotos. Organizava regularmente reuniões de devoção na sua Takya, onde ele e outros académicos compunham e recitavam poemas panegíricos em árabe e tamil, louvando o Profeta e os santos. Era um eloquente orador tamil e os seus discursos periódicos em tamil sobre assuntos religiosos influenciaram profundamente as pessoas, fomentando pensamentos e comportamentos religiosos ao ponto de os livres-pensadores dissidentes não ousarem expressar publicamente ideias blasfemas. Esta atmosfera religiosa ainda prevalece em Kilakkarai, Kayalpatnam e nas zonas circundantes.

Faleceu no dia 3 de Shawwal do ano 1267 A.H. e, de acordo com o seu desejo, foi sepultado na sua própria Takya, onde tinha sonhado que o Profeta lhe tinha dado instruções para continuar a proferir discursos benéficos sobre os ensinamentos do Profeta. Não tendo um filho para lhe suceder, o seu aluno e genro, Syed Muhammad Mapillay Alim (1232-1316), assumiu a responsabilidade de supervisionar e gerir os assuntos da Takya. Rapidamente se transformou num importante centro de estudos árabes, atraindo estudantes não só do Sul da Índia, mas também do Ceilão e do Extremo Oriente. Tornou-se conhecida como "Al-Soumiah Al-Aroosia" e "Al-Madrasa Al- Arousieh". No seu auge, mais de quatrocentos estudantes estavam inscritos nesta instituição.

Takya Saheb deixou numerosas obras em árabe e tamil, que continuam a ser populares no Sul da Índia, no Ceilão e no Extremo Oriente. A sua principal obra, "Al-Qaseedat-al-Shafiyah fi Madh-e-Shafi-al-Jamiyyah" (pp. 282+28 x 15), constituída por

28 estrofes, cada uma contendo 28 linhas, compostas em louvor do Profeta, é tida em grande reverência e estima. É amplamente recitado com uma fé inabalável nas suas ilimitadas bênçãos espirituais. O poema começa com os seguintes versos:

"Em nome de Alá, começo estes versículos, louvado seja o Misericordioso, o Senhor dos Retornos O Misericordioso concedeu as Suas bênçãos àquele que reza em nome da humanidade e da sua família com benefícios divinos, sem comparação."

Embora a sua linguagem careça de suavidade, clareza e elegância, por não ser a sua língua materna, o poema transborda de sentimentos elevados e sublimes, impregnados de profundo amor pelo Profeta. Ele próprio reconheceu a sua incapacidade de aderir estritamente aos ensinamentos do Profeta, mas esperava a salvação através do seu amor e adoração pelo Profeta no Dia do Juízo Final. Ele escreve:

"Por cada pecado, mesmo que fosse completo, há oito paraísos à espera do comprador, abrangendo conhecimento e piedade para uma herança abençoada. Mas espero, embora seja desobediente, o perdão dos meus pecados, no dia em que os segredos forem revelados, através do louvor ao Profeta, o Consolador, a quem exaltei acima dos esquecidos. Louvei com isso, Taha, embora eu seja o mais vil."

Os habitantes de Kayalpatnam e Kilakkarai sempre foram profundamente devotos da fé islâmica. Rezam, dão esmolas e jejuam regularmente. No entanto, era difícil para eles embarcar em viagens de barco confiando na misericórdia dos ventos para realizar os ritos sagrados de peregrinação. Por isso, implorou-lhes e exortou-os a não se deixarem dissuadir por quaisquer dificuldades que pudessem encontrar a este respeito. Diz ele:

"Ó irmãos, rezais ao vosso Senhor, purificais os vossos bens, jejuais; porém, por que não realizais a peregrinação, quando sois capazes? A vossa peregrinação, se for impedida, não espereis o impedidor.

Vinde connosco, ó humanos capazes, a Meca, deixando os vossos entes queridos, para que nos empenhemos na sua santidade. Se nos impedirem, empurrá-los-emos para trás. As massas de pessoas caminham pela terra de Aqaba, e nós realizamos o Hajj com facilidade; viajando de barco, apressamo-nos.

O nosso Senhor facilitou-nos o Hajj e, por isso, esforçamo-nos por cumpri-lo com zelo. A obrigação do Hajj foi-nos imposta pelo nosso Criador. Cabe-te a ti, meu irmão, denunciar quem impede o Hajj. Por isso, esforça-te por peregrinar ao jardim do Profeta, pois isso beneficiar-te-á.

Ela foi imposta a algumas pessoas, mas elas não se esforçam, em vez disso, impedem aqueles que se esforçam. Abandonaram a melhor das leis para a humanidade. Convidaram sobre si próprios a ira de Deus, pois não cumpriram os seus direitos no Dia do Juízo Final, nem a sua intercessão lhes servirá de nada.

Há aqueles que são capazes de se esforçar para a Hajj, por isso cabe-te a ti uma vez, pois a obediência a Deus ultrapassa tudo.

Esta é a perfeição da obediência, e sobre ti recai a sua conclusão. Com determinação, rejeita aquele que te impede.

Que o nosso Senhor nos conceda sucesso em obedecer-Lhe, cumprindo os rituais e actos de bondade em todos os momentos e estados ao longo das nossas vidas, pois a minha vida foi desperdiçada na vaidade. Espero a intercessão do Escolhido, que ele interceda por nós amanhã, no dia em que procurarmos refúgio."

Exorta também o povo a encarnar as virtudes ensinadas e pregadas pelo Profeta. Sublinha que as pessoas devem prestar atenção e seguir os bons conselhos que lhes são dados por outros, sem julgar o mérito do conselho com base nos indivíduos que o dão. Diz ele:

"Lembrai-vos do que disse o Profeta e considerai se ele disse sim ou não. Se alguém disser que não, considera. Escolhe o meu conhecimento, não as minhas acções. Compreendam que eu sou os pilares da fé, por isso considerem as minhas palavras. Assim falou o Profeta, o último".

As pessoas devem renunciar aos seus desejos egoístas, pois o sucesso na vida só pode ser alcançado através disso. A pior divindade para adorar é o desejo egoísta. Ele afirma:

"O pior ídolo a adorar na terra é o desejo, como disseram os melhores profetas e os mais fiáveis. Há versículos no Alcorão que afastaram aqueles que adoram o desejo. Retirai o vosso desejo, fazei de Deus o vosso ajudante e sereis bem sucedidos. Quem venera os ídolos venera o desejo e ambos estão corrompidos. Quem adora o Senhor não se desvia. O Mensageiro da Orientação adora o Senhor e não os corruptos. Por isso, Deus diz ao Seu servo que se lembre".

Nalgumas estrofes, tenta empregar artifícios literários, como a utilização de palavras totalmente pontilhadas ou sem pontos, por exemplo:

- Com pontos: "Procuro refúgio com o meu pecado, que eu seja redimido. Permaneço firme, que eu busque a piedade. Pura é a minha crença, que eu seja protegido. Ele separa o mal do pecado, que me proteja. Limpo com certeza, que eu seja misericordioso. Ele teme, que ele esteja atento. Ele permanece, que ele permaneça em abundância. Ele enriquece-me com o invisível, que ele me adorne".

بذنبى نجنى ثبت نقنى تقى نقى زين ظنى ليشقني شقى يشين جنب ذنب فبقني نظيف يقين يشفقن تبقنى غنى تغنيني بغيب تزين

- Sem pontos: "Exaltado e generoso, louvando o Eterno, ele não é mais do que o prazer de Maomé. Ele é o Único, conhecido pelo conhecimento, e a obediência de Ahmad. Procuramos a obediência de Alá, é a obediência de Ahmad... Ele é obediente a Ele, obediente à luz do crente."

علو و اكرام ومدح السرمد ولا هو الا هو كسر محمد هو الاحد معلوما لعلما واحمد نروم لطوع الله هو طوع احمد ... و عاص له عاص لما هو مومن نور

Compôs vários pentágonos, começando e terminando com a mesma letra, por exemplo:

ضنين بناء ان نعمل الشر معرضا ضلالا ارى الاعراض عما به الرضا ضممت المعاصى غير ما كان فرضا ضعيف ضجور ضاع عمري ممرضا ضروب الخطايا ثبت منها و اعرض

طموع على التطهير كلا من الخطا طلوب لمولاه زهود لما اسخطا طهور وعن كل الرذايل في الخطا طلوع المحيا نوره لاح اذ خطا طمعت به انجو به انا وابسط علمت علوما ما بها أنا انفع عصيت بجهلي للذي الخلق يشفع عدمت فواداً يجمع القرب يرفع عسى الله أن يعفو بمدح و ينفع عنى كل ذنبي بالعلوم مشفع غرقت بيم الاثم ما كنت افرغ غفلت عن الزلات التفرغ غلامك هذا البيت خداً يمرغ غراماً ثرى رجليك انت مفرغ غليلي متى يروى ثراه أمرغ

"Nobre intenção de trabalhar, evitando o mal, vendo apenas desorientação, vejo afastando-me do que traz contentamento, entregando-me à desorientação. Cometi pecados para além do que foi ordenado, fraco e débil, A minha vida desperdiçada, enfraquecida por erros, vários pecados estabelecidos e exibidos."

"Esforçando-se para a purificação, tanto procurada como exigida do erro, Procurada pelo Senhor, abstendo-se do que desagrada, pureza, De toda a imundície no erro, a vida nasce, a sua luz brilha quando se erra, Esperei a salvação com ela, e encontro refúgio."

"Aprendi o conhecimento para utilidade, embora tenha desobedecido ignorantemente, Buscando intercessão do Criador, corações abandonados que Ele reúne, Que Allah perdoe através do louvor, beneficiando do conhecimento, Cada pecado meu, com o conhecimento como intercessor."

"Afogado nas profundezas do pecado, eu negligenciei, falhei em ser vigilante, negligenciando falhas, negligenciando devoção, seu servo, Esta casa, um guia, aplica amor, enriquecendo, Quando minha tristeza será aliviada?"

Concluiu este longo poema com os seguintes versos:

نقدها يواقيت هذا النظم عقد عقدها يقينا بياقوت النظام و يروح

على كر الدهور و عقدها يحلى على المختار مادام فقدها يخيبنا والآل والصحب والمحيا

"A sua crítica, como as safiras, esta composição, ligada pela certeza, Ligada como a joia da ordem, atravessando os tempos, Ligada, adornada para os escolhidos, enquanto durar a sua ausência, Desilude-nos, e à família, aos companheiros, e à vida."

Este longo poema foi impresso e publicado por Shahul Hameed e filhos, Triplicane High Road, Madras, com uma breve introdução em árabe-tamil no início e duas elegias compostas por Syed Muhammad Alim em relação a Saheb. A elegia, intitulada: مرثية عبقريه على صاحب صومعة كركريه tem 136 linhas e a outra tem 14 linhas. Ele diz que Takya Saheb tem várias obras excelentes sobre fé, teologia e misticismo, tanto em verso como em prosa. Diz ele: وبعد فلاصقد ركز غيشلا مرشندا هادى الخلائق برأ عالما حبرا مقدم بكمال في الزمان علا اقرانه العلماء الكمل الكبرا ننسى بتاليفه في علم معرفة وفي حديث وفقه كتب من دثرا ومن تصانيفه خلاصة النظم مسائل الدين لا نحكي لها سفرا فمن بطالعهما بالفهم يغن من ال كتب الكثيرة ان بالصالح إنتمرا وجاء بمدح رسول الله عاشقه ما بين نظم و نثر يشبه الدررا و حسن رونقها سبكاً علاز هرا فمنه شفعية عزت بدائعها أتى بعلم سلوك الدين في الاروى باربعين كتاباً يا لها زبرا

Este longo poema foi impresso e publicado por Shahul Hameed and Sons, Triplicane High Road, Madras, com uma breve introdução em árabe-tamil no início e duas elegias compostas por Syed Muhammad Alim em relação a Saheb. A elegia, intitulada "كركريه"مرثية عبقرية على صاحب صومعة, tem 136 linhas, enquanto a outra é composta por 14 linhas. É mencionado que Takya Saheb tem várias obras excelentes sobre fé, teologia e misticismo, tanto em verso como em prosa. Diz-se que:

فالقصد ذكر الشيخ مرشدنا هادى الخلائق برأ عالما

حبرا مقدم بكمال في الزمان علا اقرانه العلماء الكمل الكبرا ننسى بتاليفه في علم معرفة وفي حديث وفقه كتب من دثرا ومن تصانيفه خلاصة النظم مسائل الدين لا نحكى لها سفرا فمن يطالعهما بالفهم يغن من ال كتب الكثيرة ان بالصالح إئتمرا وجاء بمدح رسول الله عاشقه ما بين نظم و نثر يشبه الدررا و حسن رونقها سبكاً علازهرا فمنه شفعية عزت بدائعها أتى بعلم سلوك الدين في الاروى باربعين كتاباً يا لها زبرا

"Depois, o objetivo é mencionar o nosso guia e mentor, o guia das criaturas, sábio justo, venerável, apresentado com perfeição no seu tempo, ultrapassando os seus pares, os grandes sábios. Esquecemos, pelas suas composições, na ciência do reconhecimento, na tradição e na jurisprudência, livros de sua autoria. Das suas compilações, a essência dos princípios, as matérias da religião, não as contamos como meros volumes. Quem os compreende, enriquecido por numerosos livros, é, de facto, favorecido pela justiça e pela harmonia. Ele veio com louvores ao Mensageiro de Deus, seu amante, entre verso e prosa, semelhantes a pérolas. A sua beleza brilha como o ouro derramado, a partir dele, o poder intercessor dos seus tesouros, ele trouxe o conhecimento da conduta religiosa nas suas melhores formas, em quarenta livros, que extensão."

Noutra passagem, afirma-se:

او بصوفية تصانيف شعر و نحو خلاصة خير زبر ومهمات كل فن و نثر المريديه او لزوار
قبر وله في عقيدة او بفقه منه شفعية زهت الف نظم وكذا دال الف دين المسائل رضى الله عنه
مادام يدعو

"Ou no sufismo, composições de poesia e prosa, a essência dos melhores livros, e o essencial de toda a arte, prosa para os buscadores, ou para os visitantes do túmulo. E para ele, no credo, ou na jurisprudência, da sua essência, o poder intercessor, floresceram mil versos, e da mesma forma, o guia da religião, a essência de mil assuntos, que Alá esteja satisfeito com ele, enquanto ele invocar."

Estas linhas sugerem que escreveu cerca de quarenta livros em tâmil sobre misticismo e registou quatro mil decretos judiciais sobre os cinco fundamentos do Islão. É também autor de um livro sobre gramática árabe e compilou um livro em verso sobre teologia e jurisprudência sob o título de "Khulasat-ad-Diraya" para benefício dos seus alunos.

Depois de mencionar a essência do conhecimento selecionado e compllado a parlir de livros sobre ciência religiosa, que são como pérolas refinadas espalhadas, a elegia relativa a Takya Saheb no final merece ser reproduzida aqui. Ambas as elegias lançam luz suficiente sobre o carácter e a conduta de Takya Saheb. A elegia, intitulada كركرية"مرثية عبقرية على صاحب صومعة" estende-se por 136 linhas, e a outra compreende 14 linhas. É mencionado que Takya Saheb tem várias obras excelentes sobre fé, teologia e misticismo, tanto em verso como em prosa. Afirma-se:

وبعد فالقصد ذكر

الشيخ مرشدنا هادى الخلائق برأ عالما حبرا مقدم بكمال في الزمان علا اقرانه العلماء الكمل الكبرا ننسى بتاليفه في علم معرفة وفي حديث وفقه كتب من دثرا ومن تصانيفه خلاصة النظم مسائل الدين لا نحكى لها سفرا فمن يطالعهما بالفهم يغن من ال كتب الكثيرة ان بالصالح إنتمرا وجاء بمدح رسول الله عاشقه ما بين نظم و نثر يشبه الدررا و حسن رونقها سبكاً علازهرا فمنه شفعية عزت بدائعها أتى بعلم سلوك الدين في الاروى باربعين كتاباً يا لها زبرا

"Depois, o objetivo é mencionar o nosso guia e mentor, o guia das criaturas, sábio justo, venerável, apresentado com perfeição no seu tempo, ultrapassando os seus pares, os grandes sábios. Esquecemos, pelas suas composições, na ciência do reconhecimento, na tradição e na jurisprudência, livros de sua autoria. Das suas compilações, a essência dos princípios, as matérias da religião, não as contamos como meros volumes. Quem os compreende, enriquecido por numerosos livros, é, de facto, favorecido pela justiça e pela harmonia. Ele veio com louvores ao Mensageiro de Deus, seu amante, entre verso e prosa, semelhantes a pérolas. A sua beleza brilha como o ouro derramado, a partir dele, o poder intercessor dos seus tesouros, ele trouxe o conhecimento da conduta religiosa nas suas melhores formas, em quarenta livros, que extensão."

Noutra passagem, é mencionado que escreveu cerca de quarenta livros em Tamil sobre misticismo e registou quatro mil decretos judiciais relativos aos cinco fundamentos do Islão. É também autor de um livro sobre gramática árabe e compilou um livro em verso sobre teologia e jurisprudência sob o título de "Khulasat-ad-Diraya", para benefício dos seus alunos e para que ressoasse nos seus corações. Ele próprio diz:

او بصوفية تصانيف شعر و نحو خلاصة خير زبر ومهمات كل فن و نثر المريديه او لزوار قبر وله في عقيدة او بفقه منه شفعية زهت الف نظم وكذا دال الف دين المسائل رضى الله عنه مادام يدعو

"Depois disto, a essência do conhecimento selecionado e compilado dos livros sobre ciência religiosa, que são como pérolas clarificadas espalhadas, fáceis de memorizar para principiantes. Então, meu irmão, memoriza esta essência, e aquele que agir de acordo com ela alcançará o seu objetivo, quer seja mediano ou exemplar."

Já foi mencionado anteriormente que ele memorizou o Alcorão Sagrado de cor desde muito jovem e que o recitava constantemente todos os dias, assegurando que não se esqueceria de nenhuma parte na sua velhice. Recitava-o nas orações de Tarawih durante dez dias, repetindo-o três vezes durante o mês do Ramadão. Syed Muhammad escreve:

حفظ القرآن بظهر القلب في صغر وكان لم ينس شيئا منه إذ كبرا وكان دوما قراره بالتدبر في اسبوعه ختمة لم يعتد الضجر ا ففي التراويح فى رمضان يختمه جوف الصلوة قياما ختمه عشرا

"Memorizou o Alcorão de cor desde muito cedo e nunca esqueceu nenhuma parte dele à medida que foi crescendo. O seu hábito era contemplá-lo durante toda a semana, completando-o sem sentir tédio. Durante as orações de Tarawih no Ramadão, recitava-o três vezes na oração de pé, completando-o dez vezes."

Era um académico muito conhecedor que se dedicava principalmente à exegese do Alcorão, ao comentário de tradições e a anotações de jurisprudência islâmica. Destacou-se como professor, orientando os estudantes para completarem os seus estudos, especialmente em exegese do Alcorão, ciências Hadith e jurisprudência islâmica.

Os seus dotes oratórios eram notáveis, cativando as audiências que o ouviam com toda a atenção. Mesmo os indivíduos mais insensíveis derramavam lágrimas ao ouvir os seus sermões, e os avarentos transformavam-se em seres generosos. Dedicava-se incansavelmente ao ensino e à recitação de orações, sempre pronto a ajudar os necessitados.

Syed Muhammad enumera numerosas qualidades louváveis, afirmando que as pessoas diziam frequentemente: "Nunca vimos maneiras e admoestações como as dele". Quando se deparava com dureza, retribuía com uma admoestação gentil, espalhando os ensinamentos da religião com bondade e clareza. Nunca faltou a um dia de ensino ou de recitação, aderindo aos seus objectivos académicos e mantendo-se compassivo para com os órfãos e os pobres. A sua conduta reflectia os ensinamentos do Alcorão, pois oferecia generosamente amor e assistência aos necessitados, perdoando as falhas dos outros e cumprindo as suas promessas com integridade.

Era profundamente fundamentado no conhecimento islâmico, adornado com humildade e conhecido pelo seu comportamento justo e correto entre as pessoas. Distinguiu-se em todas as virtudes e empenhou-se ativamente em acções de caridade, demonstrando desapego aos desejos mundanos e fazendo um grande esforço na divulgação do conhecimento.

O seu rosto irradiava alegria e conforto para aqueles que se dedicavam a aprender com ele, proporcionando consolo aos fracos e conforto aos jovens e aos idosos. Era um companheiro sem par, partilhando os fardos dos pobres sem se queixar, e a sua generosidade era inigualável, proporcionando alívio aos famintos e aos aflitos.

Os seus elogios e poesias celebravam os seus feitos académicos e o seu comportamento reflectia humildade e dignidade. Serviu a sua comunidade com dedicação, utilizando a sua riqueza e influência em benefício dos outros, o que lhe valeu o respeito e a admiração dos seus contemporâneos, tanto entre os académicos como entre os indivíduos virtuosos.

Takya Saheb deixou instruções claras no seu testamento para ser enterrado no local onde se sentava frequentemente para as suas orações devocionais e onde tinha visões do Profeta. Isto reflecte a sua profunda ligação espiritual e o significado que aquele local tinha para ele.

O relato de Syed Muhammed menciona igualmente dois alunos notáveis de Takya Saheb: Shaikh Abdul Qadir Nalna Labbai Pulavar Nayagam e Sultan Abdul Qadir, conhecido como Mastan

Saheb. Ambos foram profundamente influenciados pelo seu professor e deram contributos significativos para a literatura tamil e árabe, em especial nos domínios do misticismo e da teologia.

Mastan Saheb, nascido no seio de uma família com antecedentes musicais e ascéticos, tornou-se um poeta de renome em tâmil e árabe. Abraçou o misticismo fervorosamente, frequentando as reuniões devocionais de Takya Saheb e acabando por mergulhar na ordem Qadriya. As suas experiências místicas levaram-no a um profundo estado de transe e absorção, onde transmitia verdades universais com grande zelo.

Shaikh Abdul Qadir Pulavar Nayagam, outro estudante, traduziu Futuh-al-Sham para Tamil e compôs numerosos poemas sobre vários temas, incluindo moralidade e súplicas.

A influência de Takya Saheb estendeu-se para além dos seus discípulos directos, como o comprovam alunos notáveis como o Xeique Abdul Qadir de Attur, cujo filho fundou a Madrasa Baqiyat-al-Salihat, e o Sufi Mohammad Yousuf de Ammapatnam, conhecido pelas suas obras literárias. O legado de Takya Saheb perdura através dos ensinamentos e contribuições dos seus alunos nos domínios da espiritualidade, da literatura e da educação.

Conclusão

Ao traçarmos a vida e o legado de Takya Saheb Abdul Qadir e dos seus ilustres discípulos, deparamo-nos com uma tapeçaria de fé, erudição e iluminação espiritual. Através da sua dedicação inabalável aos ensinamentos do Islão e das suas profundas percepções do misticismo, deixaram uma marca indelével na paisagem cultural e intelectual do Sul da Índia.

Ao reflectirmos sobre a sabedoria intemporal transmitida por Takya Saheb e os seus discípulos, recordamos o poder duradouro do conhecimento, da compaixão e da iluminação espiritual para transcender barreiras e iluminar o caminho para uma maior compreensão e harmonia. Que o seu legado continue a inspirar as gerações vindouras, guiando os que procuram a verdade para a luz eterna da sabedoria divina.

Xeique Abdul Qadir de Takya Saheb, Kayalpatnam (1191-1272 A.H)

Introdução:

Takya Saheb Abdul Qadir Takya Saheb, uma figura reverenciada na erudição islâmica, embarcou numa viagem marcada por uma dedicação inabalável à fé, ao conhecimento e ao serviço da humanidade. A sua vida caracterizou-se por um profundo empenho em ensinar e orientar os estudantes, compor poesia em louvor de Deus e do Profeta e oferecer orientação espiritual a todos os que o procuravam. Através das suas viagens, escritos e interacções com estudiosos e devotos, Takya Saheb criou um nicho para si próprio como um farol de iluminação e piedade.

As suas composições poéticas, elegias e orações reflectiam não só a sua profunda reverência pelas tradições islâmicas, mas também a sua perspicácia em relação às questões sociopolíticas contemporâneas. As obras de Takya Saheb são um testemunho da sua fé inabalável, da sua perspicácia intelectual e do seu espírito compassivo, o que lhe valeu uma admiração e um respeito generalizados entre os seus contemporâneos e sucessores.

O Xeique Abdul Qadir de Takya Saheb, Kayalpatnam (1191-1272), descende de uma linhagem de eruditos profundamente enraizados na língua árabe, na teologia islâmica e no misticismo. O seu pai, o Xeique Omer (1162-1216), era filho do Xeique Abdul Qadir (1134-1177), que provinha de uma linhagem de antepassados ilustres, incluindo o Xeique Mahmood, o Xeique Hasan e o Xeique Sadaqatullah Appa (1042-1115). O avô de Shaikh Abdul Qadir, Shaikh Abdul Qadir, casou com Fátima, filha de Qazı-ul-Quzat Shaikh Muhammed (falecido em 1130), enriquecendo ainda mais a herança académica da família.

O legado de aprendizagem e devoção continuou ao longo das gerações, com a maioria dos antepassados a memorizar o Alcorão e a dominar a língua árabe, a teologia islâmica e o misticismo. O irmão do Xeique Abdul Qadir, Mahmood, que faleceu em 1255 A.H., foi aclamado pelo seu profundo conhecimento e piedade, ecoando a tradição académica da sua família.

O xeique Omer, pai de Abdul Qadir, também se dedicou ao árabe, à teologia e ao misticismo. Recebeu a iniciação na ordem Qadriya do Xeque Muhammed-al-Nuski, conhecido como Palkudiappa (o bebedor de leite). Mais tarde, o Xeque Omer encontrou o Xeque Muhammed al-Jifri, um descendente da família do Profeta, que era venerado pelos seus conhecimentos de língua árabe, literatura, jurisprudência islâmica e misticismo. Os ensinamentos de Jifri atraíram seguidores devido à sua sabedoria e piedade, com a sua influência a prolongar-se para além da sua vida, como o prova o seu enterro em Mamburam, a 21 milhas de Calicute, após a sua morte em 1222 A.H.

O Xeque Omer embarcou numa viagem espiritual a Meca, onde encontrou o Xeque Muhsin al-Muqaibili, um venerado professor e místico que estava a chegar ao fim da sua vida. O Xeque Muhsin deu permissão ao Xeque Omer para se dedicar à oração até receber orientação divina para procurar formação junto de um mentor mais qualificado. Além disso, o Xeque Muhsin pediu ao Xeque Omer que ensinasse na sua Madrasa durante algum tempo, um pedido que o Xeque Omer aceitou de todo o coração. Depois de ter trabalhado como professor na Madrasa durante cinco anos, o Xeque Omer partiu para a Índia.

Na Índia, reencontrou o seu mentor, o Xeque Syed Muhammed Bukhari (1144-1207), em Cochim. Sob a orientação de Shaikh Bukhari, o fervor de Shaikh Omer pelo treino místico intensificou-se, acendendo uma profunda sede de compreender as verdades ocultas do cosmos. Ficou profundamente absorvido em estados místicos de transe e êxtase, mas manteve-se sempre empenhado nas suas orações diárias. Através de meditação e oração rigorosas, Shaikh Omer alcançou capacidades sobrenaturais que lhe permitiram curar pessoas afectadas por várias doenças.

Seguindo as instruções do Xeque Syed Muhammed Bukhari, o Xeque Omer aventurou-se no arquipélago da Malaia, situado entre Penang e a Tailândia. No meio de densas florestas habitadas por numerosos místicos, pregou sobre a santidade e a piedade durante mais de doze anos. O Xeique Abdul Qadir

(1146-1238) de Malaca, filho de Aisha e tia do Xeique Omer, continuou a sua missão espiritual, ganhando fama como Sorgaitu pen (a senhora do paraíso) pela sua devoção.

O Xeique Omer, após o seu regresso à Índia, dedicou o resto da sua vida ao ensino e à composição de poemas em árabe e em tâmil. Faleceu na sexta-feira, 14 de Zul Qa'da, no ano de 1216 A.H., e foi sepultado na sua Takya (reclusão) na Rua Takya, Kayalpatnam.

Entre as suas notáveis composições árabes contam-se:
1. Nizam-al-Madaih.
2. Ma lil Abeed-i-ma-yashau Udabbiru.
3. Kanz-al-Jinan.
4. Basharatullah.
5. Mubaya'at-ush Shaikh.
6. Tariq-al-Wasl.
7. Gharaib-al-Nizam.
8. Hidayat-al-Aghniya.
9. Bahr-us-Sirri.
10. Sirrush Shaikhi.
11. Shikayat-ut-Gharam ila Hameem al-Maram.
12. Ilahi Kam Tubaqqini.

Vários destes poemas foram referenciados em antologias como Nurul Alnain e Mukhammas Zukhrul Ma'ad.

"Ilahi Kam Tubaqqini" (Ó Deus! por quanto tempo me vais manter vivo) tem uma imensa popularidade no Sul da Índia, no

Ceilão e na Malásia, apreciado pelos devotos que o recitam com profunda fé e reverência. Eis o poema:

الهى كم تبقيني اليك لا ترقيني وعنى لا تنقيني بفيض منك يا الله الهى لم تزل تبدى لاسرار ولا تبدى لسر جامع مبدى جميع السر يا الله الهي الخلق في التمثال بثلج يضرب الامثال فتلج ما لدى الامثال بكل الحال يا الله الهي الخلق مثل حباب علاما لدى الاحباب فما في الفنا و حباب وحال بقاه يا الله فاين انا اذا انت بذاتي دائماً كنت فما بنت ولا بنت ولانا بيننا الله الهى انت ذو الجود وطه منبع الجود لفلك دار بحر الله الهى انت غفار ذنوباً انت ستار كسير القلب يا الله الهى صلين ازكى صلوة سلمن اذكى سلام باركن بركه الهي الآل والصحب على الفك يا الله مع التباع بالصحب بلطف منك يا الله وغوث اعظم القطب وغوث اعظم الجودي عيوبا انت جبار

"Ó Deus! Até quando me manterás vivo? Para Vós, não me levanteis, E de mim, não me desvieis, Com uma graça vossa, ó Deus.

Meu Deus, Tu sempre revelaste, Nem segredos nem manifestos, Um segredo revelado todo abrangente, Todos os segredos, ó Deus.

Meu Deus, criação à imagem, Como a neve em similitudes, Assim a neve, nada em similitudes, Em todos os estados, ó Deus.

Meu Deus, a criação como bolhas, Sinais entre os amados, Assim no aniquilamento e nas bolhas, E o estado restante, ó Deus.

Então onde estou eu se Tu, Comigo, sempre estiveste, Assim nem construído nem demolido, E entre nós, Deus.

Meu Deus, Tu és o generoso, E Taha, a fonte da generosidade, Para cada vaso, o mar de Deus.

Meu Deus, Tu és o Perdoador, Pecados, Tu és o Ocultador, Um coração partido, ó Deus.

Meu Deus, abençoai os melhores, Uma oração, os mais iluminados, Uma saudação, abençoai com bênçãos, Meu Deus, a família e os companheiros, Sobre os escolhidos, ó Deus.

Com seguir em companhia, Gentilmente de Ti, ó Deus, E assistência, o maior pólo, E assistência, a maior generosidade, Falhas, Tu és o Compulsor."

À imitação do célebre poema místico que começa com:

انا الموجود فاطلبني تجدني فان تطلب سوائي لم تجدني انا المقصود لا تقصد سوائى كثير الخلق فاطلبني تجدني

"Eu sou o existente, por isso procurai-me, que me encontrareis, Pois se procurardes outro que não eu, não me encontrareis. Eu sou o pretendido, por isso não pretendas senão a mim, De muita criação, por isso procura-me, que me encontrarás."

Shaikh Omer também compôs um belo poema intitulado "طريق الوصل" (Tareeq-al-wasl), no qual ele expressa:

طريق الوصل سهل يا اخي من شهودى ليس يعد له شهود سر طريق السير فاطلبني تجدني من المتموت فاطلبني تجدني وجودي قد سرى في و سر الغيب فاطلبني تجدني مقالى دائماً شرع شريف، باذن الرب فاطلبني تجدني و حالى حال اهل الله حتى اكون به له اطلبني تجدتي وسرى ظاهر من حب طه و غوث اعظم سلطان كون فبي شغف عن الاشعار يلهى ولى سكر قديم دام منى العلق بالذي اهواه تنجو من الشرك الخفى و كل فن و من يك مشركايهوى بنار بنار نار هجر كنت اعنى طريقى ذوامان ليس بخشى به ماش و سار القوم عنى وان تك تبتغى منى فربى سريع الاخذ فاطلبني تجدني عند ذكرك ان تردنى ففى معناك فاطلبني تجدني لسان الحق قال على لسانى عبيد منى تجدني و قال الشيخ عز الدين جل السر موز فقال فاطلبني تجدني (نور العينين ص ١٠٣) وارد

"O caminho da união é fácil, meu irmão, Do meu testemunho, não há testemunho contado. O segredo do caminho é um segredo escondido, Por isso procura-me, que me encontrarás. Daquele que morre, procura-me, encontrar-me-ás, A minha existência atravessou o segredo do invisível, Por isso, procura-me, encontrar-me-ás. O meu discurso está perpetuamente de acordo com a nobre lei, Com a permissão do Senhor, procurai-me, encontrar-me-eis. E o meu estado é o estado do povo de Deus, Até que eu esteja com Ele, procurai-me, encontrar-me-eis. E o meu segredo é aparente do amor de Taha, E a maior assistência, o sultão da existência, Pois estou distraído da poesia, E embriagado com o vinho antigo, enquanto me agarrar ao Amado, Serás salvo do politeísmo oculto, E de toda a arte e de quem se inclina para ela, No fogo, no fogo, no fogo do abandono. O abandono foi o meu caminho durante muito tempo, Não tendo piedade do que desejo. O povo se afastou de mim, E se me procuras, meu Senhor é rápido em tomar, Então procura-me, tu me encontrarás, Tu me encontrarás em tua lembrança se te voltares para mim, Pois em teu significado, procura-me, tu me encontrarás. A língua da verdade disse na minha língua, Os meus escravos encontrar-me-ão, E Shaykh Azizuddin Jalal al-Sir Moos disse, Procurai-me, encontrar-me-eis."
Shaikh Abdul Qadir Takya Saheb de Kilakkarai mencionou que quem recitar este poema fielmente às quintas e segundas-feiras sem interrupção será abençoado com vislumbres do Profeta. Faleceu em paz, exprimindo-se três dias antes da sua morte:

نلت من عند الله فوق ما اريد

"Recebi favores de Deus para além das minhas expectativas".

O Xeique Omer explicou ainda que:

"Recebi os favores de Deus para além das minhas expectativas devido a três razões: Em primeiro lugar, não nutria inimizade por ninguém do povo. Em segundo lugar, respeitei os Sayyids, os anciãos e os académicos. Em terceiro lugar, nunca esqueci as palavras do meu guia religioso em momento algum."

O Xeque Omer casou com Sayyid Mira Umma, irmã do Xeque Warai Ahmed, descendente do Xeque Abdul Kareem Wadakkanar, através de Fátima, irmã do Xeque Sadaqatullah Appa (1042-1115). Tiveram seis filhos e uma filha:

1. Xeique Abdul Qadir (1191-1272).

2. Shaikh Sayyid Ahmed, que faleceu em Kottar, perto de Nagercoil, deixando um filho chamado Sulaiman Peer.

3. Shaikh Sayyid Muhammed, que morreu em Tellicherry.

4. Fátima, casada com Shaikh Mohiyuddin, com quem teve dois filhos: Mohammed Sultan e Sayyid Ahmed, mais tarde casados com Maryam e Sarah, filhas de Takya Saheb de Kayalpatnam.

5. O Xeique Ahrrad Kandu, conhecido como "Saheb al-Jund fi al-Hind" (chefe do exército no Norte da Índia), casou com Mohammed Mira Syed Umma, filha do seu tio Xeique Warai Ahmad.

6. Xeque Mahmood Naina Labbai Alim, proficiente em árabe e teologia. Compôs poemas árabes elogiando o seu professor e guia, o Xeque Ali al-Jabrati, antes da sua morte

na terça-feira, 8 de Shawwal de 1255 A.H. O Xeque Jabrati, que se estabeleceu em Kilakkaral, teve um filho chamado Xeque Mustafa. O Xeque Jabrati faleceu em Kilakkarai, com sessenta anos de idade, no dia 20 de Shawwal de 1272 A.H. Era muito estimado pelo Syed Muhammad Peria Appa e pelo Qazi-al-Quzat Allama Sulaiman, como se pode ver pelos seus elogios (Mukhammas Zukhr al Maad 224-232, 232-237). O Xeque Mustafá morreu no dia 24 de Safar. Allama Ismail Nahvi elogiou-o num poema do ano de Kayalpatnam (Nudwat-al-Darari 301).

Syed Muhammed Abdul Qadir, o autor de "Tala't al Qamar fi Mawlid al Shaikh Oner", é bisneto de Mahmood Naina. É filho de Ahmad Miran e Makhdoom Fatima, filho e filha, respetivamente, de Syed Ibrahim Umma e Shaikh Abdul Qadir, que são filha e filho, respetivamente, de Shaikh Mahmood Naina.

O Xeique Mohyuddin, nascido cerca de sete ou oito anos antes da morte do pai, em 1216, foi educado pelo irmão mais velho, o Xeique Abdul Qadir Takya Saheb. Estudou árabe e teologia com o seu irmão e também com o Xeque Ali-al-Jabrati e outros. Com a tenra idade de quinze ou dezasseis anos, em 1224 A.H., compôs um longo poema árabe de 161 versos, louvando o seu falecido pai, Shaikh Omer. No seu poema, maravilha-se com a inevitabilidade da morte e reflecte sobre a incerteza do seu momento. Sublinha a importância de cumprir os deveres prescritos por Deus, reconhecendo o seu pai, Shaikh Omer, como um professor e guia íntegro e sincero. Expressa o seu espanto perante a incapacidade do tempo para produzir outro como o seu pai:

"Pedi ao tempo uma semelhança com ele, Ele respondeu: 'Eu sou dos cascos'."

O ano de composição é, de facto, 1224 A.H., como indicam as linhas seguintes:

ثمان سنى وفاة ابي الهمام 1 تمام النظم في سن البلوغ فمعدود القصيدة شطر رقم سماه وخمسة حد الرقام الى يوم القيام الهى اغفر له راثيه قارى و مصغنيه

"Oito anos depois do falecimento de meu pai, o de fortaleza, Completo em composição na idade da maturidade, A contagem do poema é metade, como nomeado, e cinco, Para o Dia da Ressurreição. Ó meu Deus, perdoa-lhe, ao seu leitor e ouvinte."
O Xeique Mohyuddin também compôs um poema ao estilo de Periya Shamsuddin, elogiando Hafiz Mir, o aluno e professor do Xeique Sulaiman, o pai do Xeique Sadaqatulla Appa. Compôs um "دخمس" (pentâmetro) com 30 pentágonos em 1224 A.H., em louvor do Profeta. Aqui estão o início e o fim dos pentágonos:
Louvado seja Deus, que criou o universo com o "Kaf" e o "Nun", Depois aperfeiçoou o que criou e ordenou, Sobre as criaturas, o Misericordioso, o Misericordiosíssimo, Eu oro com submissão, sempre perseverante, Sobre aquele por quem os mundos são iluminados.
Sou filho do justo, nomeado por "Da" e "Alif", cujo pai se chamava "Abu Layshaj", um hipócrita. Ó meu Deus, tem

piedade, eu peço, e minha mãe, uma companheira, eu completei minha obra com a emigração, não em vão. 1224."

Com a ajuda de Alá, a camada dos céus foi concluída.

Compôs também um longo poema, "Qasidat-al Muhammadia", que contém 30 pentágonos. Começa com os versos:

"Eu louvo Maomé com versos, Em nome do mestre de Maomé, O mais doce louvor, para sempre a paz, Sempre na era de Maomé. Envio bênçãos sobre o melhor da humanidade, Muhammad, Uma oração que espero encontrar Muhammad."

Ele menciona:

بهى انام ذكره لا يملهم بحار ثناه الواصفين تكلهم به استشفع العاصون قد خف كلهم بيوم به

لاذ النبيون كلهم بظل لواء للشفيع محمد

"Nem mesmo os mares podem abarcar a sua menção, Como narrado pelos descritores, eles confiam-na ao Waqifin. Por ele, os pecadores procuram intercessão, todos os medos que escondem, No dia em que todos os profetas procuraram refúgio com ele, sob a sombra da sua bandeira."

O total de versos, excluindo o último, é de 160. Ele deriva este número adicionando cinco à metade do número de letras no nome de عمر, que é 310 (155 + 5 = 160).

Refere-se a vários milagres atribuídos ao Profeta, sugerindo que o Profeta Nuh e Moisés foram salvos por causa de Maomé:

بمقام مطلق بكذا كذا خليل نجا من نار نمرود هكذا كليم ، ونوح ، نجيا المحمد لانت امام الانبياء

مويد لامتكم فضل عليهم مزيد لادعوك يا من هو للرسل سيد لاني عاص بالذنوب مقيد فعالى

سوال غير جاه محمد

Diz ainda: "Terminou com as seguintes frases:

انا ابن عديل العام العارف الولى اسمى باسم سبط المصطفى جيلى جلى ابي مع امى اخوتى اختى اشمل الهى بعفو و اغفرن لهم ولى و ساير قراء مديح محمد

"O fogo do cavalo persa arrefeceu desde o seu nascimento, Como o cavalo de Ciro se acalmou ao romper da aurora, Tal é o estado de salvação, absoluto no seu lugar, Assim, Khalil, e Nuh, foram salvos do fogo de Nimrod, Da mesma forma, Moisés, e o Profeta, foram salvos."

Conclui com:

"Sou o filho de Adil, o conhecedor, o guardião, O meu nome está no nome do descendente escolhido, A minha linhagem, radiante, o meu pai com a minha mãe, Os meus irmãos, abrangentes, Ó meu Deus, perdoa-lhes, E concede perdão aos meus guardiões e a todos os leitores do louvor de Muhammad."

Casou com Fátima, filha de Naduvalappa Shaikh Sulaiman, irmão do Shaikh Waral Ahmad, e tiveram um filho chamado Syed Muhammad, conhecido como Saheb-al-Awan. Nasceu em 1245 A.H. e faleceu com 83 anos de idade em 30 de Muharram ou 1 de Safar em 1329 A.H. Foi sepultado na Takya do seu avô em Kayalpatnam.

O Xeique Abdur Rahman Sadaqli, filho do Xeique Mohyuddin Shinna Alim Saheb, compôs uma longa elegia de 94 versos em honra do seu pai. Começa com os seguintes versos:

شمس تلالات الهوى اشعائها كفنائها فت شعشعت آفاقها في ضوء ذاك الفرقد وتنور الاقطار من سبحاتها وسناءها من سهلها وجبالها و بلاها بتنضد كلا و قدذار القلوب بنورها إذ أشرقت فيها بانوار المعارف الاله الاوحد (نور)نيينيعلا

"Como o sol ilumina os horizontes com o seu brilho, Assim o seu brilho brilhou na luz da madrugada. Iluminou os reinos com o brilho do conhecimento, Das suas planícies, montanhas e desertos ressoou."

Recebeu a sua educação de Abdullah, um académico de Kayalpatnam, e mais tarde dedicou-se a ensinar e a orientar os seus alunos e devotos.

Shaikh Abdul Qadir Takya Saheb nasceu a 5 de Safar no ano de 1191 A.H. Memorizou o Alcorão e começou os seus estudos sob a tutela do seu pai. Foi iniciado na ordem Qadriya por Shaikh Sayyid Muhammad Jifri (d. 1222 A.H.) e recebeu treino místico sob Shaikh Sayyid Alai (1166-1260 A.H.). O Xeque Sayyid Alai emigrou para a Índia de Tareem, no Hadhramaut, com 17 anos de idade, em 1181 A.H., e estabeleceu-se em Calicute depois de casar com a filha do Xeque Sayyid Hasan, irmão do Xeque Jifri.

Após o falecimento do seu pai, Shaikh Abdul Qadir sucedeu-lhe como professor e rapidamente ganhou fama como místico. Embarcou em numerosas viagens pelo Sul da Índia, visitando frequentemente Nagore e outros locais místicos. Pessoas de todas as crenças procuravam as suas bênçãos, confiando nas suas capacidades sobrenaturais. Um exemplo notável foi Nagamman, um influente cortesão do Rajá de Trivandrum, que foi curado de lepra branca através das orações e bênçãos do Xeique Abdul Qadir.

Embarcou em peregrinação com um grupo de académicos, incluindo o seu tio materno, Shaikh Ahmad Warai, a bordo do barco Aidrus, que transportava passageiros de Kayalpatnam e Kilakkari para Jeddah. Num dos seus poemas, suplicou pela segurança desta embarcação através das bênçãos do seu guia místico, Shaikh Jifri. Ele expressou:

فنحن ايها العبيد الضعف بحراً ركبنا في زمان يضعف رياحه وقصدنا ما تعرف فعجل الخلاص فما يعسف بحرمة المحبوب شيخ الجفرى وقد ركبنا الفلك بالتوكل وقول بسم الله مجريها العلى فياسمه إن شاء مرساها جلى و حرمة الهادي النبي الأكمل و سبطه الولى شيخ الجفرى يا من يحب المتقبلين بالهدى اليه وفقنا و كملنا الجدى من حج بيت للهدى طه النبي الهاشمي المقتدى اصل الحبيب الثوث شيخ الجفرى يا خير بر يا جليل القدر يا من يسخر الفلوك تجرى : في البحر مجزا بالرياح البشر أرسل لنا ريحا مديم النشرى . بالسيد المحبوب شيخ الجفرى و سلم اللهم عيدروسا مانحن فيه مركبا نفيسا نجنا وطيب النفوسا بالعيدروس القطب جل انيسا و و بالولى الغرم شيخ الجفرى واعصم به نجلا تسمى باسمه شيخ ابن عبدالله حلف اسمه وارزق له علما و حسن فهمه و اجعله يعلو في الورى بعلمه وامدد اخاه بجاه شيخ الجفرى و طيب الرياح يا من يرسل بشرا وقو مركبا تعجل خلاصنا و احفظ و كن تسهل طريقنا بجاه من سيحمل على البراق جد شيخ الجفرى واحفظ جميع المسلمين واكفنا شر العدى واعطف علينا واشفنا واقض الحوائج كلها واوفنا اجور ذا والطف بنا وصفنا وعمرنا طول بشيخ الجفرى ندعوك يا رحمن أن تصلى على الرسول الاكمل الاجل محمد والال و اهل الآل والصحب والاتباع ثم الكل من سادة و القطب شيخ الجفرى مخمس ذخر المعاد (١٦٥-)١٦٧

"Ó servos do mar fraco, navegamos num tempo em que os seus ventos enfraquecem, Procurando o que é conhecido, apressai a nossa libertação, Pois nenhuma tempestade marítima desafiará a santidade do Amado, Xeique Jifri, o nosso guia."

"Embarcámos com confiança e recitámos 'Em nome de Alá, o seu curso dirigido pelo Altíssimo, Em Seu nome, se Ele quiser, o seu destino será claro, E pela santidade do Profeta guia, o Perfeito, E o seu descendente, o nosso guardião, Shaikh Jifri."

"Ó doador de bênçãos, ó venerado, Tu que governas os navios, fazendo-os fluir, No mar, recompensado pelos ventos de boas novas, Envia-nos um vento, duradouro na sua propagação, Pelo Mestre, o Amado, Xeique Jifri."

"Que Alá proteja Aidrus, o precioso navio, No qual navegamos, almas nobres, proteja-nos, Em Aidrus, o polaco, o estimado companheiro, E pela graça do venerado Xeique Jifri."

"Protejam o seu filho com o seu nome, Xeique Abdullah, e abençoem-no com conhecimento e compreensão, elevem-no bem alto no mundo através da sua sabedoria, e alarguem a influência do seu irmão através do estatuto do Xeique Jifri."

"Que os bons ventos prevaleçam, ó remetente de boas novas, Fortaleça o navio, apresse a nossa libertação, Facilite o nosso caminho através da graça daquele que levará sobre o mastro brilhante, a linhagem de Shaikh Jifri."

"Protegei todos os muçulmanos, protegei-nos da adversidade, sede compassivos para connosco, curai-nos, satisfazei todas as nossas necessidades, sede misericordiosos para connosco, prolongai as nossas vidas com a graça do Xeique Jifri."

"Suplicamos-Te, ó Misericordioso, que abençoes o Profeta, o Mais Perfeito, e a sua família, companheiros, seguidores e todos, desde os líderes até ao polaco, Xeique Jifri."

(Mukhammas Zukhr al-Ma'ad, 165-167)

Sayyid Muhammad Mappillay Alim, ao referir-se a este barco, observou que, devido às orações do Xeique Abdul Qadır Takya Saheb, ele chegou a Jeddah em segurança e a palavra (محروس)) (protegido) foi adicionada a Aidrus no dicionário de Qamus escrito por Majduddin Fairoozabadı.

Não se sabe quando é que partiu para Jeddah. Mas como deu ao seu filho o nome de Mohammad Saleh, em homenagem a Mohammad Saleh, o sábio egípcio, que conheceu em Meca, pode concluir-se que deve ter partido para Meca antes do nascimento do seu filho, em 1242 A.H. Teve a oportunidade de conhecer e conversar com centenas de teólogos e eruditos que vinham a Meca e Medina de várias partes do mundo. Regressou à Índia iluminado com mais conhecimentos e experiência para servir as pessoas comuns. Estava muito desgostoso com os assuntos políticos no extremo sul da Índia e em Malabar. Os franceses, que apoiavam Hyder Ali e Tippo Sultan, tinham sido derrubados e os britânicos eram agora supremos neste país. Os Ulamas, de um modo geral, apoiaram a causa de Nawab Mohammad Ali Walajah e dos seus descendentes. Criticou amargamente o povo de Malabar pela sua submissão aos cristãos de "barba limpa". Condenou-os igualmente por seguirem a lei de herança de Marumakattayam, dando todos os direitos de sucessão ao filho da irmã do que aos seus próprios filhos e filhas, tal como ordenado pela lei islâmica. Quem são estes Mappillays? (noivos), pergunta ele, a quem está a ser dada preferência em relação aos seus filhos e admoesta-os dizendo

que estão apenas a seguir a lei consuetudinária: يقولون انا قد وجدنا
فغادر اولادا و نحرم والدأ بنو الاخت اور ثنا ...مدى الزمان على امة اسلافنا نحن من درى
كذا عرفنا جرى اسايلكم من هولا . بما يلى سماهم تجارتهم رباً كان خاسرا نصاري سلاطين
لهم لا لهم لحى وعلماؤهم قد وافقوهم بلا مرا فدينهم الاعلى بدنيا الدنيئة شروا ما لهم حظ
غدابل لهم خسرا كحمر لاسفار حواملة وقرا يعيشون في الدنيا كلابا على جيف ا بالله آمنتم و
صدقتم النبى اجيبوا جوابا شافيا اهل بندرا يسمى بتلشير قرأتم و صمتم حججتم وصليتم و
خالفتم برا بالاستقامة انتم تراؤون بالاعمال خلقا مقهرا مساكنكم زخرفتموها كجنة مساجدكم
تنسون هوناً تحقرا ذللتم لاهل الشرك ذلا تصاغراً علوتم على اهل التقى بئس متجرا الكريم
تحسرا همومكم والله بالشرك علقت في الله بذل أنيبوا أسلموا قبل ان انا كم الموت توبوا بادروا
قبل تسطرا قسى قلبكم مثل الجلامد بل هو أشد من الاحجار منها تضجرا أناديكم يا من بطفيانكم
عموا عن الحق كالاعشى وكالاعمش العذرا أمرتكم بالخير حباً ورحمة عليكم لكم لالى و لا
اسئل الاجرا الله يع الحكم

O termo "Mappillay" refere-se a uma comunidade de muçulmanos da região de Malabar, no sul da Índia. São descendentes de comerciantes e imigrantes árabes que se estabeleceram nas zonas costeiras de Kerala, especialmente em Calicut (Kozhikode) e arredores, durante os primeiros séculos do Islão. O termo "Mappillay" deriva da palavra árabe "Mawla" ou "Mawali", que significa clientes ou seguidores.

Destaca as críticas formuladas por Shaikh Abdul Qadir Takya Saheb contra certas práticas e normas sociais prevalecentes na comunidade Mappillay de Malabar. Manifestou o seu descontentamento com a sua submissão aos governantes cristãos e a sua adesão às leis consuetudinárias, como o sistema de herança Marumakattayam, que favorecia o sobrinho (filho da irmã) em detrimento dos filhos, o que é contrário à lei islâmica.

Na sua crítica, o Xeique Abdul Qadir Takya Saheb admoestou a comunidade Mappillay por dar prioridade aos ganhos materiais e aos objectivos mundanos em detrimento dos princípios religiosos e dos valores éticos. Exortou-os a regressar aos verdadeiros ensinamentos do Islão, a defender a justiça e a rejeitar práticas que contradiziam as crenças e os princípios islâmicos.

Conclui com um apelo para que se voltem para Alá, procurem o perdão e abracem sinceramente o Islão antes que seja demasiado tarde, sublinhando a importância do arrependimento e da adesão à verdadeira fé.

Dedicou o resto da sua vida a educar e a orientar os estudantes, viajando para vários locais na região sul, onde as pessoas se reuniam para o honrar e homenagear. Faleceu na sexta-feira, 14 de Safar, no ano de 1272, com 81 anos de idade, e foi sepultado na Takya do seu pai, em Kayalpatnam.

Casou consecutivamente com Miran Umma e Amina, as duas irmãs de Takya Saheb Abdul Qadir de Kilakkarai. Além disso, casou com Fátima, a filha do Xeique Qalandar de Tellicherry. Teve um filho, o Xeique Abu Muhammad Saleh (1242-1323), sepultado em Bhatkal, no Estado de Maharashtra, e três filhas: Maryam, casada com Mohammad Sultan, filho do Xeique Muhyuddin (que faleceu entre os 71 e os 80 anos, em 4 de Safar de 1298); outra filha casada com Syed Ahmad, irmão de

Muhammad Sultan e Syed Miran Umma, que faleceu com 45 anos de idade no dia 19 de Rabiul Awwal 1292, casou com Shaikh Sadaqatullah, filho de Syed Muhammad, e teve um filho chamado Omer Labbaih (Mukhammas, página 240). "Ahl Bandar" refere-se à população do porto, mais concretamente aos habitantes de Tellicherry, de onde os peregrinos embarcavam para Jeddah.

Takya Saheb compôs numerosos poemas em árabe, louvando Deus, o Profeta, Syed Muhammad Bukhari de Cannanore e Habeeb Muhammad Arasar, um notável filantropo. Demonstrou proeza literária ao empregar várias figuras de estilo, como iniciar os versos com letras por ordem alfabética. Num poema que elogia o Profeta, repete as palavras "كا"متني" e "قدمتني" três vezes, cada uma com um significado distinto.

Noutro poema, exorta os muçulmanos a aderirem estritamente ao Alcorão e à Sunnah do Profeta, censurando-os por gastarem extravagantemente em casamentos para mostrarem ostentação. Critica também o seu envolvimento excessivo em ritos religiosos não sancionados pelo Islão. Dirigindo uma carta em verso ao nawab de Arcot, possivelmente o nawab Ghulam Ghouse Khan ou o nawab Azeem Jah, encoraja-os a fortalecer a sua fé e a oporem-se aos seus inimigos, implicando os britânicos, assegurando-lhes o sucesso final através da firmeza e da resistência.

Além disso, Takya Saheb elaborou um longo poema de 106 versos exaltando as virtudes de Habeeb Mohammad Arasar de

Kilakkarai, destacando os seus actos de caridade, generosidade, compaixão pelos empobrecidos e empenho na paz e na justiça.

Noutro poema, Takya Saheb suplicou a Deus Todo-Poderoso que desse alívio imediato ao Xeique Nuruddin, neto do Xeique Nuh de Puwar, que sofria de problemas de estômago (Mukhammas 182-183).

Syed Muhammad Mapillay Allm (1232-1316) elogiou Takya Saheb extensivamente na sua pequena brochura, "Mawhibat-al-Wahib fi Manqabat-al-Shaikh" (17) 26 pp. Muitos dos alunos e admiradores de Takya Saheb também compuseram elegias em árabe dedicadas a ele, ao seu filho Abu Muhammad Saleh (1242-1323) e à sua filha Moharnnad Syed Mira Umma (1247-1292). Estes poemas e elegias encontram-se em "Nurul Alnain fi Manaqib-1-Ahl-1-Saadat-al-Darain" (1617), "Mukharnnas Zukhr-al-Maad" (17) × 233.02, "Mukhmas Dzakhr al Maad fi Madh-1-Khair-al-Ibad" e "Nudwat-al-Darari fi Rawdat-al-Bukhari" (pp. 398 × 15), que foram publicados em 1333/1958, 1339/1959 e 1381/1962, respetivamente.

Conclusão

Na tapeçaria da erudição islâmica e da herança espiritual, Takya Saheb Abdul Qadir Takya Saheb brilha como um luminar cujo brilho continua a iluminar os corações e as mentes dos que procuram a verdade através das gerações. A sua vida serve de fonte de inspiração, recordando-nos o poder transformador da fé, do conhecimento e da compaixão. Ao reflectirmos sobre o seu legado, possamos retirar força dos seus ensinamentos, imitar as suas virtudes e esforçarmo-nos por defender os princípios intemporais da sabedoria, piedade e serviço à humanidade. O legado duradouro de Takya Saheb recorda-nos o poder duradouro da fé e o impacto profundo de uma vida dedicada à busca da verdade e da retidão.

Bibliografia

Al-Attas, S. M. N. (1993). Islam and secularism. Kuala Lumpur: ISTAC.

Al-Dimasyqi, A.-I. A.-N. (2016). Syarh Shahih Muslim. Dar al-Kutub al-`Ilmiyyah.

Allen, C. (2013). Islamophobia. In Islamophobia. https://doi.org/10.4324/9781315745077-41

al-Maraghi, M. (2002). Tafsir al-Maraghi. Beirute: Darul Fikir.

Al-Qaradawi, Y. (2010). Islam an introduction. Kuala Lumpur: Islamic Book Trust.

al-Qurtubi, A. A. M. ibn A. (2014). Tafsir al-Qurtubi (Vol. 20). Beirute: Dar al-Kutub al-'Ilmiyah.

Al-Qushayri, I. (2018). Tafsir al-Qushayri. Dar Ihya' al-Turath al-Arabi.

Al-Rāzī, F. (2000). Al-Tafsīr al-Kabīr aw Mafātih al-Gayb, Vol. VII. Dar Al-Hadith.

Al-Sya'rawi, A.-I. A.-M. (2007). Tafsir Al-Sya'rawi. Qitha' al-Saqafah wa al-Kutub.

Al-Syawkani, M. bin A. (2014). Fath al-Qadir al-Jami' baina Fannai al-Riwayah wa al-Dirayah min 'Ilm al-Tafsir, Vol. 5. Dar Ibnu Hazim.

Al-Thabathaba'i. (1987). Tafsir Al-Mizan. Serviço de Publicações Islâmicas.

Al-Zuhaily, W. (2009). Al-Tafsir al-Munir fi al-Aqidah wa al-Syariah wa al-Manhaj. Dar al-Fikr.

APS (Psicologia Social Aplicada). (2017). O papel da religião na habilitação e redução do preconceito. Recuperado em 26 de dezembro de 2022, de https://sites.psu.edu/aspsy/2017/09/28/the-role-of-religion-in-prejudice-enablement-and-reduction/

Bakhshi Hazrat 'Alī Aḥmed e Rizwānur Raḥmān. (2012). Vislumbres do Alcorão Sagrado. (Nova Deli: Adam Publishers and Distributors).

Chelini-Pont, B. (2013). Relação entre Estereótipo e o Lugar da Religião na Esfera Pública. Em J. Svartvik, Jesper & Wiren (Ed.), Estereótipos religiosos e relações inter-religiosas (pp. 75-84). Palgrave Macmillan.

Geertz, C. (1977). The Interpretation of Cultures. Basic Books.

Geertz, C. (2013). A religião como um sistema cultural. In Anthropological Approaches to the Study of Religion (pp. 1-46). https://doi.org/10.4324/9781315017570

Hanafi, H. (2000). O Islão no mundo moderno: Religion, ideology and development vol. I. Cairo: Dar Kabaa.

Hanafi, H. (2006). Cultura e civilizações, conflito ou diálogo? Vol. I, o pensamento meridiano. Cairo: Book Center for Publishing.

Jafari, F. (2020). O conhecimento teológico no misticismo islâmico e no gnosticismo". Kanz Philosophia A Journal for Islamic Philosophy and Mysticism 6(2). DOI: https://doi.org/10.20871/kpjipm.v6i2.92.

Karama, M. J., & Khater, N. A. (2020). Teoria da paz educacional no Alcorão Sagrado. Al-Bayān - Journal of Qurʾān and Ḥadīth Studies, 18, 138-154. http://scholar.ppu.edu/bitstream/handle/123456789/2214/1.pdf?sequence=1&isAllowed=y

Khairulnizam, M., & Saili, S. (2009). Diálogo inter-religioso: The qur'anic and prophetic perspective. Journal of Usuluddin, 9(2), 65-94.

Khaldun, I. (2015). Muqaddimah. Cairo: Dar-Ibnu al-Aitam.

Kidwai, Salim. (1996). Hindustani Mufassirein Awr Unki' Arabi Tafsirein (em urdu) .(Nova Deli:Maktaba Jamiah).
Kokan, Moḥammad Yousuf. (1960). Árabe e persa em Carnatic, (Madras: Hafiza House).
Ma'roof M M M. (1995). *Dialeto Tamil falado pelos muçulmanos do Sri Lanka: Language as Identity classifier*. Estudos Islâmicos 34 (4).

Nashir, H. (2015). Compreendendo a ideologia de Muhammadiyah. Imprensa da Universidade de Muhammadiyah.

Nieuwkerk, K. van, LeVine, M., & Stokes, M. (2016). O Islão e a cultura popular. University of Texas Press.

Patji, A. R. (1991). Os árabes de Surabaya: um estudo de integração sociocultural. Camberra: Universidade Nacional Australiana.

Putra, A. D., Purnomo, D., & Utomo, A. W. (2019). Estudo sociológico da harmonia na diversidade: Lições de Salatiga. Walisongo: Jurnal Penelitian Sosial Keagamaan, 27(1), 69-98. 10.21580/ws.27.1.3504

Ridwan, M., & Robikah, S. (2019). Visão ética do Alcorão: Interpretando o conceito da sociologia qur'anic no desenvolvimento da harmonia religiosa. Jurnal Ilmiah Islam Futura, 18(2), 308-326. http://dx.doi.org/10.22373/jiif.v19i2.5444

Sanaa Sha'lan, "Adore Me" (A'shaquni), Daira al- Maktaba al- Wataniyya, Reino Hachemita da Jordânia, terceira edição, 2016.

Saerozi, M. (2017). Dinâmica do desenvolvimento da mesquita istiqomah em frente a uma igreja em Ungaran Central Java Indonésia. Jornal do Islão Indonésio, 11(02), 423-458. 10.15642/JIIS.2017.11.2.423-458

Saged, A. A. (2021). Honrar o ser humano com um estudo sobre a paz mundial à luz dos objectivos do Alcorão Sagrado. Quranika: Journal of Libahuts Qur'an, 19(2), 223-234.

Shareef, Moḥammed Muṣṭafa e Bad'iuddin Ṣabri. (2008). Development of Tafseer Literature in India, (Hyderabad: Osmania University).

Shihab, M. Q. (2004). Tafsir al-mishbah. Jakarta: Lentera Hati.

Shu'aib, Tayka. (1993). Arabic, Arwi and Persian in Sarandib and Tamil Nadu, (Chennai: Imaamul Aroos Trust).
Thabari, I. J. (1999). Tafsir al Thabari. Kairo: Dar al Fikr.

Zamakhsyari, M. I. U. al. (2012). Al-kassyaf 'an haqaiq al-tanzil wa 'uyun al-ta'wil fi wujuh al-ta'wil. Cairo: Dar al-Hadis.

Zubair, K M A Aḥamed. (2010). *Relação Tamil-Árabe*, ed. John Samuel G, (Chennai: O Instituto de Imprensa de Estudos Asiáticos).

Zubair, K M A Ahamed. (2012). *Eminent Scholars of Sheik Sadaqathullah Appa's Family and their contribution to Arabic and Islamic Studies,* (em árabe), Thaqafatul hind 54, (3&4).

Zubair, K M A Ahamed. (2013). *Qasaid al-Madaih al-Nabaviyya fi Tamil Nadu,* (em árabe), Thaqafatul hind 64, (4).

Zubair, K M A Ahamed. (2017). Panegíricos do Profeta na literatura árabe, (Moldávia: Lambert Academic Publishing).

I want morebooks!

Buy your books fast and straightforward online - at one of world's fastest growing online book stores! Environmentally sound due to Print-on-Demand technologies.

Buy your books online at
www.morebooks.shop

Compre os seus livros mais rápido e diretamente na internet, em uma das livrarias on-line com o maior crescimento no mundo! Produção que protege o meio ambiente através das tecnologias de impressão sob demanda.

Compre os seus livros on-line em
www.morebooks.shop

info@omniscriptum.com
www.omniscriptum.com

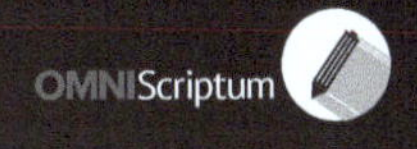

Printed by Books on Demand GmbH, Norderstedt / Germany